LOS SERES HUMANOS

ALEXIS BETANCOURT

Los seres humanos

República Dominicana,
2020

Los seres humanos

Primera edición: julio 2020

Cuidado de la edición: Guillermo Sención

Diagramación: Eric Simó

ISBN:

Impresión: Editora ?????

Impreso en República Dominicana

"Todas las religiones, artes y ciencias son ramas del mismo árbol. Todas estas aspiraciones están dirigidas a ennoblecer la vida del hombre, sacándola de la esfera de la mera existencia física y conduciendo al individuo hacia la libertad".

Albert Einstein

"Perdonar es el valor de los valientes. Solamente aquel que es bastante fuerte para perdonar una ofensa, sabe amar".

MAHATMA GANDHI

"Si juzgas a la gente no tienes tiempo para amarla".

MADRE TERESA DE CACULTA

"Hemos aprendido a volar como los pájaros, a nadar como los peces; pero no hemos aprendido el sencillo arte de vivir como hermanos".

MARTIN LUTHER KING JR.

"Detesto el racismo, porque lo veo como algo barbárico, venga de un hombre negro o un hombre blanco".

NELSON MANDELA

CONTENIDO

PRESENTACIÓN
PARA CONOCER LA ANATOMÍA DEL CORAZÓN TRANSPARENTE DE ALEXIS BETANCOURT

No todos los días tenemos el privilegio de conocer la anatomía de *un corazón transparente,* conectado a una mente cargada de la energía del decir, un fenómeno de orden místico que se cultiva en los territorios más ignotos de la conciencia humana.

No porque los seres humanos dotados de los dones de poseer *un corazón transparente* no abunden, sino porque en la generalidad de los casos las personas dotadas de esta condición emocional y espiritual, no son muy dados a la multiplicación de sus pensamientos y reflexiones para traducirlos en palabra impresa, o ruido en el pódium para la oratoria falsía y desechable, como bien sucede en los ámbitos de la religión, la política, la cultura, y hasta en los campos más complejos de la ciencia, desde la medicina o la espacial. Esa tipología de pensadores chatarras abunda más que la compleja inteligencia de las hormigas, un enigma por descubrir.

Esta reflexión la afirmo, porque esta tipología de sujetos, tan de moda en estos tiempos sombríos, tienen a su servicio el pleno dominio de los medios de comunicación televisivos, radiados y escritos, y de manera abrumadora e intimidante, a las ahora muy en todas partes de nuestras vidas, las famosas redes sociales. Estamos llenos de pontificadores de verdades hedonistas y banales convertidos en voces falsas voces proféticas que convierten verdades tan altas, como las verdades y profundidades del pensamiento bíblico, en verdaderos *Faek news* de alerta temprana; en la generalidad de los para inocularnos la sustancia una vergonzante actitud de pasividad y silencio ante los desastres sociales, o para vencernos a través de la intimidación y el miedo psicológicamente inducido.

Durante este tramo del siglo xxi he tenido el privilegio de conocer la palabra de un joven profesional del mundo de los negocios, que ha decidido hacerse cirujano de la anatomía de su propio *corazón transparente*, porque él es uno de esos muchos seres humanos que nacieron con esa condición bio-mística-espiritual. Su nombre es Alexis Betancourt Sención, que hará poco tiempo puso en mis manos a través de su madre Verónica sesión una muestra de su libro, su primer libro, titulado "Los Seres Humanos".

De un golpetazo el contenido de su libro prendió mi atención, leído, observado y sentido como lector como un texto escrito y sustentado en la línea de la *literatura autorreflexiva* como sujeto modelo para las horas y días de pensar de otras personas. Literatura para el crecimiento interior, palabras para compartir de forma individual o en círculos de familia, de tertulia social o cultural.

Palabras para el crecimiento humano y social, escrito con un alto sentido crítico, ideológico, y sobre todo, con un diseño estratégico de espíritu educativo, fuera del dogma académico, ególatra y arrogante, aquel que en la generalidad de los casos no desnuda la verdad invisible de las palabras y pensamiento que matan; incluso, a grupos sociales enteros, como en efecto lo representan la verdad histórica del racismo, la discriminación social, la pobreza, el neoliberalismo, el consumismo, o el dogma religioso que en vez de evocar la unidad social a través del pacto espiritual colectivo, apuesta con su práctica diaria a la separación, al distanciamiento, al quebrantamiento de voluntades, como por ejemplo, para gestar y articular una verdadera lucha de alcance global por la paz, en un momento en que hay tantos focos de guerra sucia, como en la segunda guerra mundial, aunque menos ruidosos, y solo mediatizados cuando son rentables para el espectáculo noticioso de los medios de comunicación de alcance global.

Solo para los negocios de la guerra, normados por el oscuro negocio de las armas, tanto de parte de los estados más poderosos del mundo que rigen el nuevo orden global, como las huestes de traficantes de armas que durante casi un silo han existido en toda la historia moderna.

Sumergirse en los contenidos multitemáticos y bajo un mismo eje de pensamiento concebido en las 104 páginas del libro de Alexis Betancourt Sención es viajar con manos y mente libres por caminos radiantes que nos conducen a verdaderos espacios de reflexión, de confianza en sí mismo, y sin miedo a descubrir la verdad que nos ocultan y que solo se conoce en los centros de la alta inteligencia de los gobiernos de alcance global; en las academias, en las escuelas de atípico perfil, y en los medios de comunicación más poderosos e influyentes del mundo, porque el autor con un lenguaje *cuasi* cotidiano, nos lo revela sin reservas, modelos emblemáticos de referencia a humanista que marcaron sus respectivas vidas a través de sus sacrificios, acciones y trayectorias de verdaderos guerreros a favor de la humanidad entera, sin pretender ser ángeles o demonios proféticos salvadores.

Solo ciudadanos del mundo, pensadores y militantes de la verdad y el humanismo crítico, comprometidos con la urgencia de decir que siempre latió hasta su muerte en sus respectivos *corazones transparentes*, como este de Alexis que los lectores, como me tocó a mí, descubrirán en cada palabra de aliento escrita en los contenidos de su palabra nueva, para que el que quiera oír, oiga, y el que no quiera oír, calle.

Comparto con los lectores, que este Alexis Betancourt, el escritor cuyo libro se sumará a los anaqueles de mi biblioteca como a la de muchas, muchas personas más que mirarán, leerán, y sentirán su libro como una fuente de consulta y liberación de prejuicios de todo tipo; y sabrán que la capacidad de cultivar la palabra escrita para la emanación de un pensamiento fresco y de fácil asimilación, le viene del ADN de su madre, la gran gestora y animadora cultural Verónica Sención, aquella mujer de ganado prestigio, que ha consagrado su vida entera para monitorear y divulgar a través de muy bien acreditadas tertulias literarias, pensamientos elevados como el de los maestros escritores Juan Bosch y Pedro Mir, en su calidad de cercana colaboradora de ambos eminentes intelectuales dominicanos.

Y por demás, sobrino del destacado escritor, intelectual y narrador dominicano Viriato Sención, famoso entre nosotros por haber sacudido la conciencia pública del país con la publicación en 1992 su celebrada novela, del tipo ficción histórica, "Los que falsificaron la firma de Dios".

Es mi labra para recibir a "Los Seres Humanos" que desde ahora habitan en las páginas del primer libro del dominicano, residente en Estados Unidos, Alexis Betancourt.

Abil Peralta Agüero
Poeta, escritor, crítico de arte,
curador y consultor cultural

Santo Domingo,
Capital de la República Dominicana,
10 de junio de 2020

A lo largo del tiempo se ha discutido bastante sobre el ser humano y sus diferentes maneras de buscar el significado de su existencia. Yo, en particular, siempre he entendido que el hombre evolucionó a partir de algún ser hasta su estado actual y que ahí termina la historia.

Esa es una explicación científica sobre nuestro origen, y como todo en las ciencias, son datos. Hay un lugar para la información y tabulación de datos, pero también hay un sitio para el poeta, el filósofo, el creador y el artista, que nos llevan de la mano a lugares encantados donde nacen los sueños. Es en ese lugar donde encontramos nuestra inspiración, y nuestros anhelos se convierten en realidad. Ese es el punto de partida de nuestra creatividad, así lo siento, así pienso.

Por ejemplo, reflexionemos sobre estas definiciones de la palabra amor: Desde el punto de vista biológico se le ha caracterizado como "Un fenómeno integral que involucra a nuestro cerebro y a nuestros órganos productores de hormonas, como la hipófisis y la glándula adrenal".

En el amor participan varios mensajeros químicos que proporcionan una gama de sensaciones que van desde el placer, la euforia, la confianza y la seguridad, hasta tocar la ansiedad, la obsesión y la depresión. Es un fenómeno que genera patrones conductuales, cognitivos y emocionales con sus particulares características.

Ahora veamos una definición posiblemente menos científica:

> "Amor: El amor es divino, está en todas partes, siempre presente, abundante y gratis. Es una energía espiritual que en este mismo instante fluye por todo el universo a través de nosotros, a través de nuestros amigos y enemigos; a través de nuestras familias, a través de millones de almas. Nunca estuvo ausente en nuestras vidas, no está atado a nuestro corazón ni a nuestras relaciones y por ende nadie nunca podrá adueñarse de él ni perderlo".
>
> Brendon Burchard

De propósito, una cita de Albert Einstein:

> "La imaginación es más importante que el conocimiento. El conocimiento es limitado, mientras que la imaginación abarca a todo el mundo, estimula el progreso y da lugar a la evolución".

En esos momentos de éxtasis creativo es cuando nos acercamos un poco más a la magia de la creación divina.

En palabras del escritor Jason Silva:

> "Estamos hoy en la intersección entre los incomparables y extraordinarios avances de la ciencia y la tecnología y nuestra interminable búsqueda de las maravillas que aún se ocultan de nuestros instrumentos y esa curiosidad que nos lleva a continuar explorando los extraordinarios detalles de nuestra realidad".

Ese mundo imaginario donde nacen las ideas, el lugar donde los genios imaginan y crean sus experimentos mentales. El mundo de las maravillas, el mundo del mañana, donde nace el futuro.

Espero que podamos reconciliar estos mundos: Arte y ciencia, tecnología e intuición. Comencemos a ver los detalles y las maravillas que nos rodean día a día para que seamos más agradecidos de este milagro que es la vida.

Cito de nuevo a Einstein:

> "El hombre que pierde la capacidad de asombro es porque ya ha muerto".

Está claro que a través de la ciencia hemos logrado avances extraordinarios en lo material, pero pienso que eso no cambia la realidad de la incansable búsqueda del ser humano, ya que la ciencia no va más allá de explicar todo lo material, y hasta en eso se queda corta; pues resulta que los científicos aún no han podido determinar de qué está hecha la mayor parte del universo.

Según el portal de la NASA aproximadamente el 68% del universo está compuesto de energía oscura y un 27% de materia oscura; o sea, que desconocemos de qué está compuesto el 95% del universo observable. El resto, todo en la Tierra, y lo que hemos observado con los instrumentos de investigación de que disponemos; toda la materia normal, es el 5% del universo. Este simple dato debe ser suficiente para que seamos más humildes.

Es paradójico que haya sido un sacerdote belga, Georges Lemaître, quien sugirió por primera vez la teoría del Big-bang, en la década de 1920, cuando teorizó que el universo comenzó a partir de un solo átomo primordial.

Lo que deseo es que podamos ver este tema con un poco más de claridad, y estudiar los efectos civilizadores de las religiones y de las tradiciones de nuestros pueblos; y ver cómo podemos cultivar lo que los antiguos griegos llamaban *las virtudes del ser humano,* tratando de que se pongan a la moda. Creo que no nos caería para nada mal.

Sócrates, filósofo griego creía que las personas deben concentrarse más en el autodesarrollo que en las cosas materiales. Alentó a las personas a desarrollar amistades y amor entre ellos. Creo que los seres humanos poseemos ciertas virtudes intelectuales básicas, y esas virtudes son las más valiosas de todas nuestras posesiones.

¿Cómo explicar la existencia tantas religiones y creyentes en el mundo?; ¿A qué se debe esta insistencia de los seres humanos en buscar una divinidad que los eleve de su condición natural a un estado más espiritual?; ¿A qué se debe esta incansable búsqueda?; ¿Obedece a que el ser humano no acepta su última derrota, llamada muerte? En parte esto es así, pero hay otras razones que realmente no tienen una explicación tan simple. Mi búsqueda espiritual ha venido inicialmente a través de la razón, ya que con el paso de los años ha parecido muy irracional el comportamiento de los seres humanos.

¿Cómo es posible que 2,000 años después de Cristo, con tantos avances en las ciencias y otros campos del saber, tantas personas estén viviendo una vida sin principios ni moral?

¿Cómo es posible que engañar a tu compañera de vida, ser falso con tus amigos, robar, hablar mentiras, ser egoísta, ambicioso de manera desmedida, corrupto, en fin, vivir de la manera más baja, sea motivo de orgullo y que al que no actúa de esa manera hasta le lleguen a decir que está mal de la cabeza.

Son los mismos defectos de los que nos hablan en los Siete Pecados Capitales y en Los Diez Mandamientos, por ejemplo. Cómo es que los valores que nos enseñaron de pequeños y que entiendo deben guiar nuestro breve paso por esta tierra, estén olvidados o fuera de moda ¿Es que esto ya ha pasado a un plano social?.

Para mí no es un asunto de inteligencia sino de sabiduría. Es que creemos saberlo todo, especialmente los más jóvenes piensan así.

¿No se vivirá mejor y con más felicidad haciéndolo como nos indican las sagradas escrituras de todas las religiones: Amar a tu prójimo como a ti mismo, no sentir envidia, ser generoso, no robar, no matar, no cometer adulterio, evitar la lujuria, la pereza, la gula, la ira, la envidia, la avaricia, la soberbia, etc.? ¿Alguien en este mundo que esté en pleno uso de sus facultades mentales puede negar que viviendo de esta manera se vive una vida por lo general mucho más plena y feliz? Esto no es un llamado para unirse a una denominación religiosa o culto, es más bien una alerta con la intención de invitar a reflexionar para que comencemos a analizar los efectos de vivir sin una estrella del norte que nos ilumine el camino a una existencia más saludable.

El problema de las religiones

Las personas no creyentes siempre critican a todas las religiones, y en parte tienen razón, ya que en nombre de algunas de estas se han cometido grandes crímenes y abusos a lo largo de la historia, pero hay que mencionar que quienes cometieron esos hechos fueron seres humanos desviados, que por lo general solo utilizaban las religiones como argumento para justificar sus malas acciones.También recordemos las masacres y barbaries cometidas en sociedades seculares como la Alemania nazi, la Unión Soviética de Stalin, El Pol Pot de Cambodia y muchas otras. Pretender culpar solo a las religiones por todos nuestros males es querer simplificar el problema.

Es una moda en los tiempos actuales decir que esos relatos de la Biblia y otros libros sagrados que hemos heredado de nuestros antepasados no son más que historietas, que todo eso es falso; pero hemos perdido de vista lo más importante, que en esencia estas enseñanzas, legado de generaciones pasadas, constituye una muestra de lo que somos capaces de hacer cuando no tenemos una guía bien marcada de comportamiento, sin saber que sin ella estamos destinados a repetir los errores del pasado y regresar a tiempos de salvajismo. Solo hay que ver el giro que ha tomado la política en varios países del mundo en estos tiempos, regresando al racismo y a la intolerancia social. No acabamos de entender que los seres humanos sin un referente moral y espiritual, siempre apelamos a **nuestros impulsos animales**. Se impone la supervivencia del más apto, del más fuerte.

Me parece un gravísimo error no consultar nuestro pasado. La información contenida en estos textos antiguos debe ser uno de nuestros más preciados tesoros, ya que contienen miles de años de conocimiento y sabiduría que no podemos dejar de lado.

Sociedad

La sociedad de nuestro tiempo muestra un evidente estado de descomposición; un proceso que pienso está completamente relacionado a lo referido en el párrafo anterior. La falta de una Guía de Vida. Cómo podemos tener una sociedad sana cuando no creemos en nada y hemos querido desechar todo lo que a lo largo de la vida nos han enseñado desde hace miles de años. Sería comparable con querer ser médico sin leer un libro de medicina. En otras palabras, sería imposible pretender construir sociedades sanas sin un referente de cómo hacerlo y lo que se requiere para ello.

Hace unos años comencé a interesarme en conocer un poco a los filósofos antiguos, y me pareció interesante el hecho de que estudiando lo avanzado de sus pensamientos y lenguaje me asaltara la impresión de que su pensamiento estuviera orientado hacia el futuro, en vez de dos mil años en el pasado. Me pareció que estaban más avanzados que nosotros en muchos aspectos de la vida. Veamos un ejemplo:

Manual de vida

> "Saber lo que puedes controlar y lo que no. La felicidad y la libertad comienzan con la clara comprensión de un principio: algunas cosas están bajo nuestro control y otras no".

Epicteto (35 d.C-135 d.C.)
Versión de Sharon Lebell

Solo tras haber hecho frente a esta regla fundamental y haber aprendido a distinguir entre lo que podemos controlar y lo que no, serán posibles la tranquilidad interior y la eficacia exterior. Bajo control están las opiniones, aspiraciones, deseos y las cosas que nos repelen. Estos asuntos constituyen (Verificar esta expresión con relación al contenido y concordancia del párrafo APA) con nuestra preocupación, porque están directamente sujetas a nuestra influencia (Verificar si esta es la palabra que quiso utilizar APA). Siempre tenemos la posibilidad de elegir los contenidos y el carácter de nuestra vida interior.

Fuera de control

Sin embargo, hay factores como el tipo de cuerpo que tenemos, el haber nacido en la riqueza, o la ambición de querer hacernos ricos; la forma en que nos ven los demás y nuestra posición en la sociedad. Debemos recordar que estos fenómenos son externos, y por ende, no deberían constituir nuestra preocupación vital. Intentar controlar o cambiar lo que no podemos, tiene como único resultado el tormento existencial.

Recordemos que las cuestiones sobre las que tenemos poder están naturalmente a nuestra disposición, libres de toda restricción o impedimento; pero los entes que nuestro poder no alcanza son debilidades, dependencias, o vienen determinadas por el capricho y las acciones de los demás. Recordemos también, si pensamos que podemos llevar las riendas de factores que por naturaleza escapan a nuestro control, o si intentamos adoptar los asuntos de otros como propios, nuestros esfuerzos se debilitarán y nos convertiremos en personas frustradas, ansiosas y criticonas.

Ocúpate de tus propios asuntos

Presta atención únicamente a tus verdaderas preocupaciones y dar por sentado lo que pertenece a los demás es asunto suyo y no tuyo. Si obras así, serás fuerte ante la coacción, y nadie te podrá detener. Serás auténticamente libre y eficaz, pues darás buen uso a tus esfuerzos y a tus fuerzas en lugar de malgastarlos criticando u oponiéndote a los demás.

Si conoces y prestas atención a tus verdaderas preocupaciones, nada ni nadie te hará actuar contra tu voluntad; los demás no podrán herirte, pero no ganarás enemigos ni padecerás ningún mal de naturaleza existencial. Si tienes el propósito de vivir siguiendo estos principios, recuerda que no será fácil, deberás renunciar por completo a varias pertenencias, metas, y posponer otras por el momento. Es probable que debas privarte de la riqueza y el poder si quieres asegurarte de alcanzar la felicidad y la libertad plenas.

Reconoce las meras apariencias

A partir de ahora debes ejercitarte mentalmente y decirle a cualquier situación desagradable: «Eres solo una apariencia y en modo alguno lo que aparentas ser». Entonces considera concienzudamente el asunto en cuestión de acuerdo con los principios que acabamos de mencionar. En primer lugar, ¿atañe esta apariencia a las situaciones que están bajo mi control o a las que no?. Si atañe a cualquier condición que esté fuera de tu control, aprende a no preocuparte por ella.

El deseo reclama ser satisfecho

Nuestros deseos y aversiones son soberanos veleidosos que reclaman satisfacción. El deseo nos ordena correr y tomar lo que queremos. La aversión insiste en que evitemos las cuestiones que nos repelen. Es muy común que nos decepcionemos cuando no conseguimos lo que queremos y que nos aflijamos cuando logramos lo que no queremos. En cambio, si evitas solo los entes indeseables que son contrarios a tu bienestar natural y que están bajo tu control, nunca te verás envuelto en algo que no desees realmente. No obstante, si tratas de evitar fatalidades como la enfermedad, la muerte o el infortunio, sobre las cuales no tienes un control real, sufrirás tú y quienes te rodean.

El deseo y la aversión, aunque poderosos, no son más que hábitos. Y podemos prepararnos para tener mejores hábitos. Restringe el hábito de verte rechazado por todas esas cosas que escapan a tu control, y céntrate en cambio, en las situaciones nocivas que sí puedes combatir. Haz todo lo que esté a tu alcance para refrenar el deseo. Pues si deseas algo que escapa a tu control, seguramente acabarás decepcionado; mientras, estarás descuidando los asuntos que están bajo tu control y que son merecedores del buen deseo. Por supuesto, hay ocasiones en las que por razones prácticas debemos ir tras unas metas y regir otras, pero debemos hacerlo con prudencia, discernimiento y flexibilidad. Veamos las cosas tal como son en realidad.

Las circunstancias no se presentan para satisfacer nuestras expectativas. Los fenómenos suceden por sí mismos; la gente se comporta tal como es. Aprovecha lo que realmente obtienes. Abre los ojos: tienes que ver los acontecimientos tales como son y así te ahorrarás el dolor de los falsos vínculos y de la decepción evitable.

Piensa en lo que te deleita, en las herramientas con las que cuentas, en las personas a quienes quieres. Pero recuerda que tienen su propio carácter, el cual poco o nada tiene que ver con la forma que tenemos de verlo. A modo de ejercicio, piensa en la cosa más insignificante con la que te sientas vinculado. Pongamos por ejemplo que tienes una copa favorita para tomar vino o agua.

Al fin y al cabo, no es más que una copa; de ahí que si se rompe puedes soportarlo. A continuación, toma un objeto o una persona para con quien tus sentimientos y pensamientos de apego sean más intensos. Recuerda, por ejemplo, cuando abraces a tu hijo, a tu marido, a tu esposa, que estás abrazando a un mortal. Así, si uno de ellos muriera, podrías soportarlo con entereza.

Cuando algo acontece, lo único que está en tus manos es la actitud que asumes al respecto; tanto puedes aceptarlo como tomarlo a mal. Lo que en verdad nos espanta y desalienta no son los acontecimientos externos por sí mismos, sino la manera en que pensamos acerca de ellos. No son las situaciones lo que nos trastornan, sino nuestra interpretación de su significado.

¡Deja de asustarte a ti mismo con ideas impetuosas, con tus impresiones sobre el modo en que los fenómenos son!

Las cosas y las personas no son lo que deseamos que sean, ni lo que parecen ser. Son lo que son.

Armoniza tus actos con la vida tal como realmente es.

No intentes establecer e imponer tus propias normas. Compórtate siempre, en todos los asuntos, grandes, pequeños, públicos y privados de acuerdo con las leyes de la naturaleza. La armonía entre tu voluntad y la naturaleza deberían ser tu ideal supremo. ¿Dónde practicar este ideal? En los pormenores de la vida cotidiana, en las tareas y deberes personales.

Cuando lleves a cabo una tarea, como bañarte, por ejemplo, hazlo tan bien como puedas, en armonía con la naturaleza. Cuando comas, hazlo tan bien como puedas, en armonía con la naturaleza, y así sucesivamente.

No se trata tanto de qué estás haciendo, ni de cómo lo estás haciendo. Mientras comprendamos correctamente este principio y vivamos con arreglo al mismo, aunque surjan dificultades (pues también forman parte del orden divino), la paz interior seguirá siendo posible. Los acontecimientos no nos hacen daño, pero nuestra visión de los mismos, sí nos lo puede hacer.

Los problemas por sí mismos no nos hacen daño ni nos ponen trabas. Tampoco las demás personas nos hacen daño. La forma en que veamos las cosas es otro asunto; son nuestras actitudes y reacciones las que nos causan problemas. Por consiguiente, ni siquiera la muerte tiene gran importancia por sí misma. Es nuestro concepto de la muerte, nuestra idea, lo que es terrible, lo que nos aterroriza. Hay formas muy distintas de pensar sobre la muerte. Examina a fondo tus conceptos sobre ésta; acaso, ¿son realmente ciertos? ¿Te hacen algún bien? No temas a la muerte ni al dolor, teme al temor a la muerte y al dolor. (ver si esta reiteración al dolor es correcta APA)

No podemos elegir nuestras circunstancias externas, pero siempre podemos elegir la forma de reaccionar ante ellas.

Me parece curioso cómo muchas personas utilizan su condición de ateos como una medalla a la inteligencia. En días recientes estuve hablando con un joven, y me comentaba que no creía en ninguna de las religiones, que eso es de personas ignorantes, y más adelante en la misma conversación me dijo que el espectáculo llamado lucha libre es real.

Ahora veamos la opinión de Albert Einstein.

En enero de 1936, una niña en edad escolar llamada Phyllis le escribió una carta para preguntarle si se podía creer en la ciencia y la religión. Él fue rápido en responder.

> "Mi querido Dr. Einstein, hemos planteado la pregunta: '¿Oran los científicos?' en nuestra clase de escuela dominical. Continuó preguntando si podíamos creer tanto en la ciencia como en la religión. Estamos escribiendo a científicos y otros hombres importantes para tratar de que nuestra propia pregunta sea respondida. Nos sentiremos muy honrados si responden a nuestra pregunta: ¿Oran los científicos y por qué lo hacen? Estamos en el sexto grado, la clase de la señorita Ellis. Respetuosamente suyo, Phyllis".

El reputado científico le respondió días después:

> "Querida Phyllis, intentaré responder a tu pregunta lo más simple posible. Aquí está mi respuesta: Los

científicos creen que cada ocurrencia, incluidos los asuntos de los seres humanos, se debe a las leyes de la naturaleza. Por lo tanto, un científico no puede inclinarse a creer que el curso de los acontecimientos puede ser influenciado por la oración; es decir, por un deseo manifestado sobrenaturalmente. Sin embargo, debemos admitir que nuestro conocimiento real de estas fuerzas es imperfecto, de modo que, al final, la creencia en la existencia de un espíritu final y último descansa en un tipo de fe. Tal creencia sigue siendo generalizada, incluso con los logros actuales en la ciencia. Pero también, todos los que están seriamente involucrados en la búsqueda de la ciencia se convencen de que algún espíritu se manifiesta en las leyes del universo, uno que es muy superior al del hombre. De esta manera, la búsqueda de la ciencia conduce a un sentimiento religioso de un tipo especial, que seguramente es bastante diferente de la religiosidad de alguien más ingenuo. Con saludos cordiales, tu A. Eisntein"

Es un buen momento para reflexionar un poco y buscar la verdad de lo que está pasando. En mi opinión una persona que no cree en Dios no debe hablar en contra de las religiones, ya que una persona que no sabe rezar no puede conocer el poder de la oración, de la fe, o el bienestar que brinda una vida espiritual, o sea que no conoce el tema. Además, me pregunto a cuántos millones de seres humanos les ha salvado o mejorado la vida alguna religión; y luego me pregunto a cuántas personas les ha salvado o mejorado la vida el ateísmo. Creo que las religiones ganarían esa competencia mucho a poco.

Me ha tocado vivir gran parte de mi vida adulta en los Estados Unidos de Norteamérica, y por igual en esta nación se aprecia la descomposición social causada por la pérdida de valores; familias desunidas, capitalismo salvaje, afán de dinero, personas sin brújula moral y aceptando como verdad todo lo que se les presenta sin siquiera preguntarse si está bien o mal. Aquí todo se acepta, porque tenemos libertad de hacer lo que deseamos con nuestras vidas.

He sido testigo presencial de vivir en un país supuestamente avanzado, y que gracias a esa combinación de abandono de valores y ambición desmedida, ha caído en una especie de salvajismo, donde una gran parte de los padres quieren salir de sus hijos y despacharlos lo más rápido posible, y donde las visitas a los enfermos y envejecientes por parte de familiares es la excepción y no la regla. Un país donde McDonalds, con una mano te vende las hamburguesas y con la otra te vende insulina para la diabetes y pastillas para la alta presión arterial.

Un país donde la obesidad de la población se ve como una oportunidad de negocios; a eso es que conducen la ambición desmedida y la falta de ética. Y me pregunto, qué opina la gente de todo eso.

Un país que está dividido entre razas, religiones, partidos políticos, preferencias sexuales, etc. y cada grupo solo se preocupa por defender sus intereses sin importarle el destino de los demás.

Una sociedad donde las personas no se interesan por sus vecinos y nadie cuestiona cuál es el verdadero problema. A qué se deben todos estos males que nos afectan. Por eso me motivé a escribir estas reflexiones, por todos estos problemas sin respuestas y que al parecer nadie se pregunta: ¿Existe una vida mejor?

Me pregunto, hasta dónde llegaremos en este camino. En qué momento nos detendremos para decir que las cosas van mal. Pienso que el querer o no llevar una vida espiritual o religiosa es un tema personal que debe respetarse. El que no respeta eso, lo hace por ignorancia. Pero también hay que reconocer que el camino que llevamos no es muy bueno. Y cuando digo bueno debo hacer una pausa y mencionar que hay personas que dicen que el bien y el mal son relativos.

Solo me limitaré a decir que estoy en completo desacuerdo con ese enunciado, ya que pudiera dar miles de ejemplos de cosas que se consideran malas en cualquier parte del mundo.

Aunque no estemos todos de acuerdo con lo que nos espera después de morir, creo que podemos decir que vivir bajo algún código general de comportamiento ético y moral beneficiaría grandemente a la humanidad. Me gustaría ampliar un poco estos temas y ver como nuestros valores tradicionales están siendo sustituidos por otros. Aquí algunos ejemplos:

> Castelli: El relativismo moral puede ser un grave perjuicio para la sociedad. Columna de opiniones: conservador a través del pasillo, 15 de noviembre de 2018 7:45 pm | Por Giana Castelli:
>
> ¿Qué es la verdad? En una era posmoderna existe un profundo escepticismo hacia la razón, la lógica, el conocimiento y la verdad. Cada individuo tiene su propia verdad, que varía entre diferentes personas o

comunidades. Dentro de esta discusión, el concepto de relativismo, especialmente la moral, es inevitable. El relativismo moral es la filosofía que afirma que todo es relativo porque algunas personas dentro de diferentes culturas y períodos históricos han estado en desacuerdo sobre lo que está bien y lo que está mal, argumentando que no hay valores morales objetivos.

Una de moda entre las corrientes ideológicas de izquierda, ve cada creencia u opinión tan buena como cualquier otra. Al afirmar que no hay valores morales objetivos, los relativistas morales esperan que otros se vuelvan más tolerantes con prácticas que no les son familiares. Esta filosofía tiene serias implicaciones para nuestro mundo, que si no se controla se conducirá al desmoronamiento del tejido de nuestra sociedad. Pero, sería falso si discutiera sus problemas sin abordar primero los argumentos que los respaldan. Entonces, exploraré los dos argumentos más fuertes para el relativismo moral, y en consecuencia argumentaré en contra de ellos.

El argumento principal y quizás más fuerte para el relativismo moral, es que todos los intentos de formar un código moral universal han fallado debido a las formidables objeciones que han encontrado. Este cambio radical en el pensamiento proviene, como era de esperarse, de los horrores y tragedias de principios del siglo XX. Especialmente con el creciente impulso hacia el secularismo en la sociedad moderna, apelar a un ser divino para la validez ha sacudido el apoyo a la moral. Con la prominencia de las ciencias naturales y sus estándares de metodología, el pensamiento y las teorías han hecho que el discurso moral y su falta de procedimiento sean difíciles de defender.

Sin embargo, los desacuerdos entre lo que está bien y lo que está mal no significa necesariamente que no haya una verdad objetiva. Si uno discutiera con una persona racista acerca de si todos los humanos deben ser tratados por igual, no implica que la igualdad o la imparcialidad no tengan un valor inherente. Quizás el problema más deslumbrante y grave con esta línea de pensamiento es que obviamente hace que los crímenes equivocados y atroces parezcan correctos. Si no hay una verdad objetiva, implica que las acciones de los propietarios de plantaciones del sur en el siglo XVIII y de los soldados nazis en la Alemania de 1930 están justificadas.

Si no existen estándares sólidos y todos los puntos de vista son igualmente buenos, nos vemos obligados a desechar el argumento de que ciertas ideas o valores están equivocados. Tampoco distingue la diferencia entre prácticas y valores. Por ejemplo, permitir que el anfitrión **difiera a su invitado** en los países orientales y ofrecerle un regalo cuando llegue a su hogar se basa en el valor de que honrar y respetar el hogar de un conocido es importante. Las culturas simplemente muestran valores, como el honor, la caridad y la justicia de diferentes maneras; no implica esto que no tengan estas características en alta estima, sino que se manifiestan de diferentes maneras.

Con respecto a esta idea, los relativistas morales argumentarían que al hacer que la moralidad se relacione con diferentes culturas, se alienta a otros a ser más tolerantes. Esto depende de la idea de que si hubiera verdades morales objetivas, entonces no habría diversidad entre las culturas. Al reconocer el sistema moral de otra cultura como no más correcto o especial que el propio, es menos probable que uno juzgue y fuerce sus propias prácticas y costumbres culturales sobre los demás. Promueve un cierto tipo de humildad y permite al extraño cuestionar los orígenes de sus propias prácticas culturales. Cierta apreciación cultural surge cuando no hay un estándar único de moralidad.

En este argumento, el relativista moral confunde tolerancia con respeto. Respetar una cultura significa tomarse en serio sus creencias y analizarlas críticamente, incluso si eso significa considerar mal un aspecto de ella. Sugerir que ninguna cultura puede estar sujeta a escrutinio es ser condescendiente.

El relativismo, en nombre de la tolerancia, está equivocado porque no todo debe ser tolerado; según ese criterio, si una cultura aboga por la aniquilación de un determinado grupo étnico, de acuerdo con el relativismo moral, los extraños no pueden juzgarlos porque están imponiendo sus propios estándares culturales a los demás. Esto va en contra de lo que la mayoría de la gente cree que es verdad.

Si bien una buena dosis de escepticismo y cuestionamiento está bien, siempre debe haber estándares de juicio que cumplamos. Si toda la verdad es relativa, se vuelve muy fácil para alguien violar la dignidad de otro en nombre de "su propia" verdad.

VER. Giana Castelli es una escuela secundaria de Artes y Ciencias con especialización en ciencias políticas. Su columna, "Conservador a través del pasillo", se publica los viernes alternos. (¿????) APA.

Si estudiamos a la mayoría de las religiones del mundo vemos que todas tienen un mensaje de amor, paz y armonía. Lo que pasa es que nosotros mismos las desvirtuamos, volviendo al mismo punto de que el ser humano es muy susceptible a ser seducido a hacer el mal.

Es por lo que pienso, que sí necesitamos una guía espiritual, un norte a seguir, ya que si lo dejamos a la naturaleza humana sabemos que los resultados no están siempre orientados al bien. Y mi intención no es entrar en una discusión de creyentes y no creyentes, sino más bien poner en claro problemas elementales que están afectando a los humanos en estos tiempos de poca fe y poca educación, fórmula perfecta para una anarquía total, cuestión que para un reducido número de personas sería ideal.

Me pregunto cuáles son las ventajas de no creer en nada: echarse todos los problemas encima, no tener fe, no aspirar a ser mejores personas, temor a perder el control del ego, creerse el centro del universo, partiendo de que todo depende de nosotros mismos.

Jung creía que la aparición de este problema espiritual coincidió con la disminución de la influencia que las religiones tradicionales, sobre todo del cristianismo, han tenido en las sociedades occidentales durante los últimos siglos. Dejar a un lado estas religiones ha tenido muchos efectos, pero el que Jung consideró más apremiante fue el hecho de que obligó a innumerables personas a enfrentar los dilemas existenciales de la vida humana sin la muleta útil del dogma religioso. (Carl Jung, *Civilization en transición)*

Como escribió San Agustín en su libro *La Ciudad de Dios*:

> "La religión es la filosofía del hombre común, la filosofía es para los estoicos; o sea, que las religiones también tienen la función de ayudar a que el hombre pueda vivir en sociedad de manera civilizada, darle sentido a su existencia, y enfrentar la muerte de manera más digna. En estos tiempos lo único que nos mantiene fuera del caos total es el sistema judicial, claro, en los países donde todavía funciona, ya que el sentido común está en extinción".

A qué se debe que junto al declive de las religiones vaya de la mano una baja en la calidad de la educación. En mi país, República Dominicana, muchos maestros muestran un bajo nivel educativo; entiéndase que no pueden escribir o hablar sin cometer graves faltas en ambos campos. Y no creo que sea un asunto fortuito, ya que el descenso se ha dado en muchos países, y es evidente que a algunos sectores les conviene un pueblo pobre y con un bajo nivel de educación, ya que en esas condiciones no puede reclamar nada, convirtiéndose en una masa de mano de obra barata.

Debe ser tema de atención, cómo un hombre alivia su vacío espiritual, su alma triste. Cómo es posible que el ser humano siga cayendo en los mismos vicios de toda la historia. Por algo escribía Ernesto -Che- Guevara en su diario que hacía falta una revolución del ser humano.

Y es que todos nuestros problemas provienen de nuestros mismos defectos, contra los cuales siempre luchamos. Hay que buscar la manera de purificar nuestros espíritus, nuestras almas. Las religiones son parte fundamental de los humanos, ya que nos alivianan las cargas, nos impregnan de humildad, esperanza, moralidad, empatía, sencillez, amor, generosidad, paz, abnegación, altruismo, solidaridad y son una guía de vida para ser mejores personas.

Y todo a cambio de la Fe.

Pero, ¿cuál es el fin de las religiones? Uno supone que es acercarnos más a nuestro creador y seguir propagando el mensaje del amor. Tuve la desafortunada oportunidad de ser testigo de políticas inhumanas en el país donde se hacen llamar los defensores universales de los derechos humanos. Las autoridades decidieron dedicarse a separar familias de indocumentados y encerrar a sus niños en jaulas. Me pregunto qué tipo de sociedad es la que tenemos, donde todos somos espectadores de actos de barbarie como estos y no hacemos nada.

> "He decidido seguir con el amor. El odio es una carga demasiado pesada para soportar".
>
> Martin Luther King Jr.

Artículo publicado en la National Geographic el 20 de enero del 2016

> Durante años, historiadores, arqueólogos, antropólogos y casi todos los demás "ologistas" han convenido en que la agricultura creó la civilización, incluida la religión como la conocemos durante los últimos 12,000 a 15,000 años. La suposición fue que al establecerse en la vida de la agricultura, la gente construyó ciudades, creó arte y religiones organizadas para satisfacer las nuevas necesidades que enfrentaban en

la transición de cazadores-recolectores a granjeros; ¿o acaso no fue así?

¿Nuevas evidencias sugieren que no fue la agricultura la que creó la civilización, sino la religión, esta revista publica una historia breve y provocadora de un santuario al sudeste de Turquía conocido como Göbekli Tepe, 9,000-8,200 Ac., sitio del ejemplo más antiguo del mundo de arquitectura monumental.

Si bien la interpretación de los restos arqueológicos es a menudo tanto arte como ciencia, hay muchas razones para creer que en Gobekli Tepe, la necesidad / deseo de las personas de reunirse para el culto fue lo que creó la civilización, y no al revés como se suponía anteriormente. El templo existía sin una ciudad en su entorno.

Como observa el autor del artículo, Charles C. Mann:

En el momento de la construcción de Göbekli Tepe, gran parte de la raza humana vivía en pequeñas bandas nómadas que sobrevivieron buscando plantas y cazando animales salvajes. La construcción del templo habría requerido que más personas se unieran en un lugar y en torno a ciertos acontecimientos que probablemente habían ocurrido antes. Sorprendentemente, los constructores del templo pudieron extraer, dar forma y transportar piedras gigantes, de 16 toneladas, elevándolas hasta cientos de pies de altura, a pesar de no tener ruedas ni bestias de carga.

Los peregrinos que vinieron a Göbekli Tepe vivieron en un mundo sin escritura, metal o cerámica; aquellos que se acercan al templo desde abajo, perciben que sus pilares debieron haber asomado por encima como gigantes rígidos, con animales en las piedras temblando a la luz del fuego: emisarios de un mundo espiritual que la mente humana puede haber comenzado a imaginar.

Que las mentes humanas, al menos algunas de ellas, visualicen fenómenos por delante de lo que es físicamente posible y respondan a impulsos generados por necesidades más que físicas, no solo es maravilloso, sino que demuestra que la religión es más de lo que sugieren los utilitarios típicos. También lo hace sin tener que comprar teologías que muchas personas rechazan. (Revisar redacción y contenido APA)

La elección no es necesariamente ver la religión como una respuesta de bajo nivel a las circunstancias físicas cambiadas, por un lado, o como el regalo de seres sobrenaturales que viven en los cielos o en el inframundo, abajo, por el otro. Esa dicotomía, como la mayoría de las dicotomías, es falsa. Al menos esa es la evidencia sugerida por los restos arqueológicos en Gobekli Tepe.

La evidencia de Turquía sugiere que el impulso de peregrinación, la necesidad de adoración colectiva, la urgencia del espacio sagrado, además de supranacionales, si no sobrenaturales. Hay algo dentro de nosotros, que obliga a construir Gobekli Tepe y lugares como este que aun existen en muchas partes del mundo. Ese "algo" no se legitima simplemente por las opiniones habituales que buscan justificar, o con demasiada frecuencia, explicar el apego de las personas a la fe religiosa.

Esa conclusión, si es correcta, significa que muchas de las personas que leen esta sección (identificar fuente de la sección APA) deben tomar la religión mucho más en serio, especialmente aquellas que constantemente cuestionan el impulso, los fenómenos y valores que emanan desde las religiones mejor sustentadas.

También significaría que quienes asumen una religión, por lógica pertenecen a un grupo, a un colectivo humano, a un entendimiento de Dios, o de los dioses, a una escritura particular, harían bien en practicar más modestia sobre sus afirmaciones.

La evidencia de Gobekli Tepe sugiere que la religión es más real y más humana de lo que a menudo se acepta. Los ultraortodoxos en ambas corrientes en el debate en curso sobre qué religión "es realmente", de dónde viene y para qué sirve puede resultar difícil de aceptar.

Por supuesto, la suposición de que algo no puede ser tan profundamente religioso como profundamente arraigado en el impulso y la capacidad humana, puede ser uno de los ídolos que necesitan ser aplastados en este debate. Gobekli Tepe puede ser solo el martillo que hemos estado esperando.

Se han encontrado rastros de religiones que datan de cien mil años, y estudiando un poco las grandes religiones del planeta, vemos en todas ellas elementos en común: Un ideal compartido de que superemos nuestra naturaleza de supervivencia y que cuidemos de nuestros congéneres, un interés por el bienestar colectivo. Pero de alguna manera hemos logrado dividir estas creencias y tradiciones, y hasta las hemos utilizado para crear guerras y traer más sufrimiento al mundo.

Vida en sociedad

Todas las noches antes de ir a dormir debemos preguntarnos: ¿qué debilidad superé hoy? y ¿qué virtud adquirí?, Séneca 4 a.C –65 d.C.

Hemos aceptado como buena y válida la idea de que nuestro sistema económico actual, el capitalismo, ha traído a la gente gran abundancia material. Claro, mucho más a unos que a otros, y así lo hemos extrapolado a nuestras relaciones con la sociedad. Si observamos la interacción social prevalente en nuestras sociedades podemos darnos cuenta de que hay un altísimo índice de competitividad, una condición que es buena para algunos negocios, pero muy destructiva como medio social.

Esto me parece preocupante, ya que una sociedad basada en estos preceptos económicos tendrá la tendencia a convertirse en una jungla para humanos; una especie de sálvese quien pueda, quítese usted para ponerme yo. Recordemos que en el capitalismo el fin de las empresas es eliminar la competencia, o sea, que si tomamos eso como referente lo que estaremos es esperando que nuestro vecino fracase para yo ganarle el juego. Creo que debe haber maneras más constructivas de establecer relaciones sociales. Vamos a buscarlas.

También pienso que este tipo de comportamiento colectivo debe afectar la psiquis, ya que percibo desde mis convicciones que esa no es nuestra verdadera naturaleza como seres vivientes que nacemos y dependemos del amor.

"Cuando un país está en armonía con el Creador, sus factorías fabrican instrumentos productivos, pero cuando ocurre lo contrario, acumulan armamentos militares en las afueras de las ciudades". (Tao Te Ching, Laotzu 500 años antes de Cristo. Traducción Stephen Mitchell.

Según la revista Scientific America del 13 de diciembre de 2016 uno de cada seis norteamericanos toma medicamentos para la depresión, ansiedad u otros trastornos mentales. Por ahí anda la búsqueda de la felicidad en los Estados Unidos, el país más rico del mundo.

- "No hay camino a la felicidad. La felicidad es el camino".
- "Es ridículo pensar que alguien más puede hacerte feliz o infeliz".
- "La felicidad no depende de lo que tienes o de quién eres. Se basa únicamente en lo que piensas".
- "Una mente disciplinada trae felicidad". (Buddha)

Quizás debamos seguir el ejemplo de El Reino de Bhutan, partiendo de que mientras en el resto del mundo el indice que demuestra el crecimiento económico es el Producto Interno Bruto (PIB), el Rey de Bhután Jigme Khesar Namgyel Wangchuck rechazó este modelo como sinónimo de desarrollo y creó uno nuevo para definir la felicidad colectiva en términos más holísticos y psicológicos.

El Reino de Bután fue **el primer territorio del mundo en usar otro concepto para medir el progreso de un país: la Felicidad Nacional Bruta (FNB)**. En 1972 Crearon un sistema de medición basado en varios aspectos que afectan directamente la felicidad de la población, como la protección del medio ambiente, la biodiversidad, la conservación de la cultura, el desarrollo socioeconómico sostenible... para orientar sus políticas públicas. Se realizaba una encuesta cada dos años para evaluar la felicidad de sus habitantes.

Fijémonos en que ninguno de los libros sagrados de la antigüedad nos habla de que debemos basar nuestra existencia en una competencia con nuestros amigos, vecinos, familiares, etc. Tampoco creo haber leído a algún filósofo de la antigüedad animándonos a competir con nuestro prójimo como fórmula para una vida feliz y plena. Pienso que es una locura considerar que ese tipo de comportamiento nos brindará felicidad duradera.

A los que sí les conviene esa competencia feroz que nos arropa es a las empresas que se lucran de ese afán por impresionar, ya que nos venden los productos que utilizamos como símbolos de éxito en nuestros tiempos, induciéndonos a mostrar a los demás que acumulamos más que ellos, que tenemos un carro más lujoso, una cartera a la moda o una casa más suntuosa. Esa es la religión que han adoptado muchas personas hoy en día.

Varios estudios han demostrado que a partir de cierta cantidad de bienestar, la felicidad no sigue aumentando, indicándonos que luego de tener nuestras necesidades básicas cubiertas la acumulación de bienes materiales no aumenta nuestra felicidad.

El problema no es solo el sistema económico que ha creado diferencias extraordinarias entre ricos y pobres. Según el reporte anual de Oxfam del 21 de Enero del 2019 las 26 personas más ricas del mundo tienen más riqueza que la mitad de la población mundial (tres mil ochocientos millones de personas); y lo peor es que hemos llevado la esencia de ese sistema a la interacción social. Ahí es donde radica el asunto.

El corazón del ser humano, así como nuestras sociedades, puede ser comparado con la tierra fértil, la cual nos brindará los frutos que cultivemos en ella. Si sembramos competencia y odio, eso cosecharemos, al igual que si sembramos amor, tolerancia, respeto, etc., esos serán nuestros frutos.

Nos ha llegado la hora de decidir lo que queremos cosechar.

Me llega a la mente la tradición hinduista que dice que todos estamos hechos de lo mismo, que el cuerpo humano es la máquina más perfecta, ya que en cuestión de horas puede convertir alimentos en tejidos humanos. Estamos hechos de lo que comemos a diario, y todos estamos hechos de la misma materia. Dicen que todo conflicto viene de no reconocer que somos todos iguales; y que todas nuestras diferencias son creaciones del ego.

Me parece una bonita idea que los árboles y todos los seres estamos hechos de la misma materia; entonces si le haces daño, te estás perjudicando a ti mismo. Se aplica perfectamente a estos tiempos en los que estamos inmersos en una crisis de calentamiento global y destrucción de nuestros ecosistemas a causa de la explotación descontrolada de los recursos del planeta.

Una noche un anciano indio Cherokee le contó a su nieto la historia de una batalla que tiene lugar en el interior de cada persona. Le dijo: "Dentro de cada uno de nosotros hay una dura batalla entre dos lobos. Uno de ellos es un lobo malvado, violento, lleno de ira y agresividad. El otro es todo bondad, amor, alegría y compasión". El nieto se quedó unos minutos pensando sobre lo que le había contado su abuelo y finalmente le preguntó: "Dime abuelo, ¿cuál de los dos lobos ganará?". Y el anciano indio respondió: "Aquel al que tú alimentes". (Billy Graham)

En este trabajo no pretendo explicar la naturaleza humana, solo trato de ampliar un poco el debate sobre estos temas, ya que a mi entender son los que más importancia tienen para poder disfrutar nuestras vidas en sociedad y para el bienestar de las futuras generaciones. Se pudiera decir que es tratar de ver cómo podemos coexistir con más sentido común, sin caer en dogmas ni fanatismos, como dice el dicho: Si tu religión requiere que odies a alguien, pues es momento de cambiar de religión.

Ver en detalle cómo hemos ido desmontando el antiguo orden sociocultural, que lejos de ser perfecto por lo menos tenía raíces que estimulaban el desarrollo moral del individuo y lo hemos sustituido por un sistema que premia lo peor de nuestra naturaleza y condición humana. Una cultura basada en la persecución de dinero y estatus social.

Estas reflexiones mías, no son más que las humildes opiniones de un ser que reside dentro de este inmenso universo, que trata de hacer un llamado a la unidad, al amor incondicional, a la amistad, a la familia, a la solidaridad, al respeto, a la verdad; convocando a nuestros mejores espíritus, los cuales hemos dejado de lado por el abrumador ruido de esta sociedad "moderna".

Aunque no podamos llegar a un acuerdo sobre lo que nos aguarda luego de la muerte, casi todos podemos reconocer cuáles son los valores que debemos asumir y cultivar en nuestros hijos para que las nuevas generaciones tengan un futuro promisorio. A continuación el fragmento de un discurso que cumplió 200 años hace poco tiempo:

Discurso del Libertador Simón Bolívar
ante el Congreso de Angostura, el 15 de febrero de 1819

"Los códigos, los sistemas, los estatutos, por sabios que sean, son obras muertas que poco influyen sobre las sociedades; hombres virtuosos, hombres patriotas, hombres ilustrados constituyen las repúblicas.

En Venezuela uno de los grandes problemas que han existido y existen, desde su fundación, es la inmensa carga de Antivalores o Contravalores de nuestra población, lo cual es muy generalizado, ya que se observa este fenómeno tanto en personas de escasos recursos económicos como en quienes poseen grandes fortunas (quizás más en éstos últimos APA). Igualmente en quienes no han tenido acceso a la educación y en aquellos que poseen amplios estudios universitarios, incluyendo los niveles de Post-grado y Doctorado (también en estos últimos el fenómeno es quizás más intenso). No respeta la existencia del problema a los habitantes de las pequeñas comunidades rurales ni a quienes viven en las grandes ciudades del país. También se observa en las diferentes etapas de la vida, desde los muy jóvenes hasta los seniles.

No existe tampoco distinción entre sexos, pues hombres y mujeres son víctimas por igual. Las diversas religiones que se profesan en Venezuela son afectadas por la presencia entre sus miembros de estos antivalores; pero quienes no profesan ninguna religión (supuestos ateos) tampoco están exentos de ser alcanzados por este insidioso mal, que podríamos decir es universal entre nosotros quienes residimos en Venezuela, hayamos nacido en el país o provengamos de otras latitudes. Los militares al igual que los que nos encontramos en el mundo civil, también somos atacados por esta afección, aunque por supuesto afortunadamente no todos estamos aquejados por dicha afección, o lo que es lo mismo dicha "enfermedad" aunque afecta a muchos, no afecta a todos los residentes en nuestra patria".

En resumen, no existe inmunidad conocida para esta enfermedad social, porque se contagia a través de la educación tanto formal o institucional (en la forma en que está concebida en la actualidad), como por la educación no institucional y en especial por medio de esta última que ha sido diseñada como traje a la medida para mal formar a los ciudadanos de nuestro país. Basta observar que los medios de comunicación social: Radio, prensa y sobre todo la televisión, sirven para inocularnos desde la más tierna infancia con el virus que produce todos estos contravalores.

La forma de protegernos es mediante la prevención por medio de la vacuna de la información y la educación, tanto la formal o institucional como la no-institucional, mediante el reconocimiento del individuo con valores, y repudiando los respectivos antivalores, aclarando la inconveniencia de los segundos y lo conveniente de los primeros; penetrando a través de todos los sentidos, pero sobre todo por la vista y el oído, para lograr que el fabuloso órgano (la computadora más perfecta que existe, capaz de crear las computadoras artificiales) como lo es el cerebro humano, los fije y permita que los anticuerpos de la razón, luchen contra los antígenos de la sinrazón (Antivalores).

En primer lugar, vamos a definir qué son los VALORES, para por contraposición, entender qué son los ANTIVALORES o CONTRAVALORES.

En segundo lugar, definiremos algunos de los valores (por supuesto no todos) que los venezolanos deberíamos poseer para anteponerlos a los respectivos contravalores, que también definiremos y que es necesario comprender que las luchas para lograr un mejor país no pueden ser: espasmódicas, epilépticas ni esporádicas, como generalmente se han pretendido corregir los grandes problemas de la nación, mediante campañas que duran días, meses o cuando mucho años; esto se logra con luchas prolongadas, activas, continuas o permanentes, sin descanso y utilizando la mejor arma que existe: "El convencimiento", mediante la educación y sobre todo el valor que significa el buen ejemplo de las personas que poseen ascendencia sobre los niños, en especial los padres, sus maestros y los adultos que los rodean.

Utilizaremos las definiciones encontradas en diversos diccionarios y adicionaremos algunos comentarios respecto a la importancia de promover en los venezolanos el apego a los valores y evitar los contravalores en sus pensamientos y acciones, porque debemos recordar siempre que "El pensamiento precede a la acción".

Aquí solo se anotaron las acepciones que interesan para este trabajo, ya que existen otros significados para la palabra, pero que no se relacionan con el tema tratado. De igual manera se procederá con todas las demás definiciones, donde se utilizarán él o los significados pertinentes para el estudio, aclarándose, de ser necesario, lo positivo de los valores o lo negativo de los antivalores por la influencia que tienen sobre el bienestar de los ciudadanos venezolanos y en el desarrollo del país.

En primer término haremos un listado de valores con sus correspondientes contravalores, para después definirlos:

VALORES	ANTIVALORES
1. Abnegación	1. Desidia
2. Conciencia	2. Inconsciencia
3. Decencia	3. Indecencia
4. Honestidad	4. Deshonestidad
5. Modestia	5. Arrogancia
6. Dignidad	6. Indignidad
7. Honradez	7. Corrupción
8. Probidad	8. Improbidad
9. Valentía	9. Cobardía
10. Humildad	10. Orgullo
11. Laboriosidad	11. Pereza
12. Austeridad	12. Derroche
13. Unitarismo	13. Sectarismo
14. Ética	14. Inmoralidad
15. Amabilidad	15. Servilismo
16. Generosidad	16. Avaricia
17. Constancia	17. Inconsecuencia
18. Excelencia	18. Mediocridad
19. Previsión	19. Imprővido
20. Producción	20. Consumismo
21. Planificación	21. Improvisación

Sobre las religiones

¿Cuántos creyentes hay alrededor del mundo?

El que cree que la religión pertenece al pasado y que vivimos en una nueva era de la razón, debe verificar las estadísticas, los hechos: el 84% de la población mundial se identifica con un grupo religioso. Los miembros de este grupo demográfico son generalmente más jóvenes y producen más hijos que aquellos que no tienen filiación religiosa, por lo que el mundo se está volviendo más religioso, no menos, aunque hay variaciones geográficas significativas.

Según las cifras de 2015, los cristianos forman el grupo religioso más grande del mundo, con 2.3 billones de seguidores o el 31.2% de la población mundial, que es de 7.3 billones. Luego le siguen los musulmanes (1.8 billones, o 24.1%); los hindúes (1.1 billones, o 15.1%) y los budistas, (500 millones, o 6.9%).

En la siguiente categoría están las personas que practican religiones populares, sincréticas o tradicionales. Hay 400 millones de ellas, o el 6% del total de la población mundial. Los seguidores de religiones menos practicadas, como el sijismo, el bahaí y el jainismo, suman 58 millones, muy por debajo del 1%. Hay 14 millones de judíos en el mundo, aproximadamente el 0.2% de la población mundial, concentrados en Estados Unidos e Israel. (Artículo publicado en The Guardian, 27 de Agosto 2018)

ALGUNAS BIOGRAFÍAS DE PERSONAJES EJEMPLARES:

Mahatma Gandhi

(Mohandas Karamchand Gandhi; Porbandar, 1869–Delhi, 1948). Pensador y líder del nacionalismo indio. Principal artífice de la independencia de su país (1947), fue la figura más relevante de la escena política y social de La India durante la primera mitad del siglo XX y una de las personalidades más influyentes de la historia contemporánea.

Gandhi pasó su infancia en un ambiente familiar ordenado y recogido que dejó en él una huella indeleble. Su padre era funcionario estatal de grado elevado y su madre conservaba una fe religiosa apasionada y operante que se remontaba a las antiguas y sagradas tradiciones brahmánicas e hindúes. Después de haber seguido en su patria un curso regular de estudios y cuando tenía cerca de veinte años, mantuvo durante tres años un primer contacto directo con la cultura occidental, viviendo en Londres, donde esperaba perfeccionarse en los estudios jurídicos.

Regresó después a La India, pero no permaneció allí mucho tiempo. Los ideales que guiaron toda su vida, y que se identifican con un ardiente amor a La India (cuya antigua civilización y algunas épocas gloriosas de su historia trimilenaria se le aparecían como firmes bases para la deseada unión nacional) y con una necesidad innata de llevar a cabo la difícil misión con un espíritu de amor y caridad hacia la humanidad entera, comenzaron a revelarse públicamente con el generoso impulso con que (habiéndose trasladado en 1893 a Sudáfrica) se dedicó a realizar la obra de redención y de elevación moral y social de muchos millares de indios allí residentes.

Numerosas y variadas fueron sus iniciativas humanitarias; instituyó colonias agrícolas y hospitales, y, sobre todo desde entonces trató de eliminar a las castas y religiones que dividían a su pueblo. En sus relaciones y en sus inevitables choques con las autoridades gubernativas de Sudáfrica inauguró un método de lucha, o mejor de resistencia, que mantenía el respeto a la persona humana y evitaba la revuelta armada: ya en Sudáfrica, en 1906, subrayó el valor de la «satyagraha» («Fuerza de la verdad») como fundamento y energía de las acciones que en Occidente recibieron el nombre de «Resistencia pasiva».

Regresó a finales de 1914 a La India, donde llevó una vida retirada hasta 1918, término de la Primera Guerra Mundial. A partir de ese año fue prácticamente el jefe del movimiento nacionalista. Su bandera, al principio una simple autonomía que tomaba su base de la autonomía económica, a la que había de llegarse mediante la «No colaboración» y después con la desobediencia civil, pasaría finalmente a ser el símbolo de la independencia nacional («Svaraj»).

1920 señala una fecha importante en su vida, porque fue precisamente en ese año, en ocasión de la sesión extraordinaria del Congreso Nacional Indio en Calcuta y en la ordinaria celebrada poco después en Nagpur, cuando obtuvo un gran éxito personal; en la primera sesión fue aprobada, y en la segunda ratificada la puesta en práctica de una gradual resistencia pasiva, deseada y ardientemente propugnada por él como método de lucha contra la opresión colonial. Aunque la no violencia es un concepto común en el hinduismo y en la cultura oriental («Ahimsa»), Gandhi la reivindicó como un imperativo ético universal, subyacente en todas las religiones (el budismo, el cristianismo, el islamismo). Su pensamiento entroncaba eco y coincidencias también con eximios representantes de la espiritualidad Occidental, desde Jesucristo hasta León Tolstoi, y con teóricos de la política y la economía como Henry David Thoreau, formulador de la doctrina de la desobediencia civil.

Se convirtió entonces en primerísima figura, no solo en el seno del Congreso, sino en toda La India. A este año se remonta el título de «Mahatma» que el mismo pueblo le confirió en un impulso espontáneo de entusiasmo y devoción; Gandhi pasaría a la posteridad con dicho apelativo, que significa literalmente «el magnánimo» y alude a sus dotes de profeta y de santo que las masas le reconocían. Su influencia, sin embargo, estaba destinada a sobrepasar con mucho los límites de su vida y de su país, y tanto su doctrina como su personalidad se convertirían en modelos inspiradores de líderes y activistas como el estadounidense Martin Luther King y el sudafricano Nelson Mandela, por citar solamente los dos ejemplos más connotados.

Los períodos sucesivos de la vida de Gandhi muestran una ininterrumpida serie de episodios durante los cuales continuó su actividad política, con pausas más o menos largas pasadas en duras prisiones.

De 1930 es una vigorosa llamada directa al pueblo, redactada por por él y sancionada por el Congreso, en la que se sienten vibrar toda la pasión y el amor de Gandhi por su tierra madre y su anhelo por liberarla de la dominación extranjera. De aquel mismo año es su valerosa actuación contra las leyes del monopolio de la sal y su memorable marcha de tres semanas, osada y simbólica al mismo tiempo, realizada en medio del entusiasmo irrefrenable de las muchedumbres a lo largo del recorrido que separa la ciudad de Ahmedabad de la pequeña localidad costera de Dandi.

A finales de 1931 participó en Londres en la segunda conferencia de la Mesa Redonda para el establecimiento en el país de un gobierno constitucional, pero la conferencia marcó un fracaso para la causa india. Vuelto a su patria, Gandhi vivió durante algunos años apartado de la política oficial, pero dedicado a su apasionada atención a los problemas sociales, especialmente al concerniente a la marginada casta de los «intocables». Reapareció en la escena política en 1940, durante la Segunda Guerra Mundial, y con indómita constancia continuó luchando (siempre inerme) por aquellos ideales de cuya fe nunca se apartó, y mantuvo una esperanza inquebrantable hasta el día de su asesinato.

Jefe y maestro de su pueblo, Gandhi lo guió a la consecución de la meta que había soñado ardientemente; un año antes de su muerte, la independencia de La India se hizo realidad, pero no su deseo de fundir a hindúes y musulmanes en unitaria convivencia. Y, ciertamente, ello constituyó una espina a la que se añadieron las amargas desilusiones y dolores por las violencias y los estragos que acompañaron el nacimiento de la Unión India y del Pakistán.

Extraordinaria figura de asceta indio, Gandhi no pasó su existencia en el tradicional eremitorio solitario, sino que fue impulsado por el amor a su tierra madre y a sus hermanos a vivir (excepto durante algunos breves paréntesis) en medio del mundo, y a practicar y mantener sus virtudes ascéticas entre el poco edificante contacto con los gobernantes y métodos políticos del siglo XX. El sentimiento de bondad y de afectuosa dulzura que es la nota dominante del visnuismo se refleja incluso en la que fue su arma política, la no violencia («Ahimsa»).

Sus repetidos y dolorosos ayunos (realizó dieciséis, el último de ellos pocos días antes de su fin en un intento de conseguir la paz religiosa de toda La India), eran la prueba de una completa entrega a su causa y consiguieron la devoción de las masas; su palabra apasionada las entusiasmaba, sus plegarias y sus invocaciones al dios Raro, recitadas en público, conmovían y arrebataban al auditorio. Gandhi actuó políticamente siguiendo medios que estaban en neto contraste con la práctica dominante, y consideró despreciable el principio según el cual el fin justifica los medios, principio que un maestro indio de política, Kautilya, había exaltado y puesto en práctica con un realismo sin escrúpulos muchos siglos antes.

Pero el método, que podría calificarse de evangélico, predicado y llevado a la práctica por Gandhi consiguió el deseado triunfo. El desconsolado anuncio hecho a las gentes de que el padre («bap») había sido asesinado, el subsiguiente dolor del pueblo impresionado por la noticia del trágico fin y la consagración de sus cenizas, sumergidas religiosamente en numerosos ríos sagrados del inmenso país, revelaron al mundo que La India había perdido a su más grande santo de la edad moderna.

Como valioso legado de su actividad encaminada al bien de sus compatriotas y a la independencia de su país en el marco de una extraordinaria concepción filantrópica y humanitaria ha quedado su obra titulada *Historia de mis experiencias con la verdad* (que en su primera redacción data de unos veinte años antes de su muerte), además de una mole ingente y variada de artículos publicados en revistas y periódicos, numerosos discursos oficiales pronunciados en La India y en Inglaterra y las abundantes alocuciones de carácter familiar y paternal dirigidas al pueblo y cuyo vivo y religioso recuerdo se mantiene todavía.

Mahatma Gandhi.

Madre Teresa de Calcuta

(Agnes Gonxha Bojaxhiu; Skopje, actual Macedonia, 1910–Calcuta, 1997). Religiosa albanesa nacionalizada india, premio Nobel de la Paz en 1979.

Cuando en 1997 falleció la Madre Teresa de Calcuta, la congregación de las Misioneras de la Caridad contaba ya con más de quinientos centros en un centenar de países. Pero quizá la orden que fundó, cuyo objetivo es ayudar a "los más pobres de los pobres", es la parte menor de su legado; la mayor fue erigirse en un ejemplo inspirador reciente, en la prueba palpable y viva de cómo la generosidad, la abnegación y la entrega a los demás también tienen sentido en tiempos modernos.

Nacida en el seno de una familia católica albanesa, la profunda religiosidad de su madre despertó en Agnes la vocación de misionera a los doce años. Siendo aún una niña ingresó en la Congregación Mariana de las Hijas de María, donde inició su actividad de asistencia a los necesitados.

Conmovida por las crónicas de un misionero cristiano en Bengala, a los dieciocho años abandonó para siempre su ciudad natal y viajó hasta Dublín para profesar en la Congregación Nuestra Señora de Loreto. Como quería ser misionera en La India, embarcó hacia Bengala, donde cursó estudios de magisterio y eligió el nombre de Teresa para profesar su fe.

Apenas hechos los votos pasó a Calcuta, la ciudad con la que habría de identificar su vida y su vocación de entrega a los más necesitados. Durante casi veinte años ejerció como maestra en la St. Mary's High School de Calcuta. Sin embargo, la profunda impresión que le causó la miseria que observaba en las calles de la ciudad la movió a solicitar al Papa Pío XII la licencia para abandonar la orden y entregarse por completo a la causa de los menesterosos. Enérgica y decidida en sus propósitos, Santa Teresa de Calcuta pronunció por entonces el que sería el principio fundamental de su mensaje y de su acción: "Quiero llevar el amor de Dios a los pobres más pobres; quiero demostrarles que Dios ama el mundo y que les ama a ellos".

En 1947, como culminación de aquella dilatada lucha liderada por Gandhi, La India alcanzó la independencia. Un año después, Teresa de Calcuta obtuvo la autorización de Roma para dedicarse al apostolado en favor de los pobres. Mientras estudiaba enfermería con las Hermanas Misioneras Médicas de Patna, abrió su primer centro de acogida de niños. En 1950, año en que adoptó también la nacionalidad india, fundó la congregación de las Misioneras de la Caridad, cuyo pleno reconocimiento encontraría numerosos obstáculos antes de que el Papa Pablo VI lo hiciera efectivo en 1965.

Al tiempo en que su congregación, cuyas integrantes debían sumar a los votos tradicionales el de dedicarse totalmente a los necesitados, abría centros en diversas ciudades del mundo, ella atendía a miles de desheredados y moribundos sin importarle si profesaban el cristianismo u otra religión: "Para nosotras no tiene la menor importancia la fe que profesan las personas a las que prestamos asistencia. Nuestro criterio de ayuda no son las creencias, sino la necesidad. Jamás permitimos que alguien se aleje de nosotras sin sentirse mejor y más feliz, pues hay en el mundo otra pobreza peor que la material: el desprecio que los marginados reciben de la sociedad, que es la más insoportable de las pobrezas".

En concordancia con estas palabras, Santa Teresa de Calcuta convirtió el premio de una rifa, un coche descapotable que recibió del Papa Pablo VI durante su visita a La India en 1964, en un regalo a la comunidad católica, destinando los fondos recaudados a la creación de una leprosería en la ciudad de Bengala; posteriormente convencería al Papa Juan Pablo II de abrir un albergue para indigentes en el mismo Vaticano.

El enorme prestigio moral que la Madre Teresa de Calcuta supo acreditar con su labor en favor de "los pobres más pobres", motivó a la Santa Sede a designarla representante ante la Conferencia Mundial de las Naciones Unidas, celebrada en México en 1975, en ocasión del Año Internacional de la Mujer, donde formuló su ideario basado en la acción por encima de las organizaciones. Cuatro años más tarde fue santificada y reconocida mundialmente, no sólo por aquellos a quienes ayudaba sino también por gobiernos, instituciones internacionales y poderosas e influyentes personalidades de distintas partes del mundo, culminando con el otorgamiento del premio Nobel de la Paz en el año 1979.

(Teresa de Calcuta: "El trabajo que hacemos no tiene nada de heroico. Cualquiera que tenga la gracia de Dios puede hacerlo").

Consciente del respeto que inspiraba, el Papa Juan Pablo II la designó en 1982 para mediar en el conflicto del Líbano, si bien su intervención se vio dificultada por la complejidad de los intereses políticos y geoestratégicos de la zona. Desde posiciones que algunos sectores de opinión consideraron excesivamente conservadoras, participó vivamente en el debate sobre las cuestiones más cruciales de su tiempo, a las que no fue nunca ajena. Así, en mayo de 1983, durante el Primer Encuentro Internacional de Defensa de la Vida, defendió con vehemencia la doctrina de la Iglesia, conceptiva, antiabortista y contraria al divorcio.

En 1986 recibió la visita de Juan Pablo II en la Nirmal Hidray o Casa del Corazón Puro, fundada por ella y más conocida en Calcuta como la Casa del Moribundo. En el curso de los años siguientes, aunque mantuvo su mismo dinamismo en la lucha para paliar el dolor ajeno, su salud comenzó a declinar y su corazón a debilitarse. En 1989 fue intervenida quirúrgicamente para implantarle un marcapasos, y en 1993, tras ser objeto de otras intervenciones, contrajo la malaria en Nueva Delhi, enfermedad que se complicó con sus dolencias cardíacas y sus problemas en los pulmones.

Finalmente, tras superar varias crisis, cedió su puesto de superiora a sor Nirmala, una hindú convertida al cristianismo. Pocos días después de celebrar sus 87 años ingresó en la unidad de cuidados intensivos del asilo de Woodlands, en Calcuta, donde falleció. Miles de personas de todo el mundo se congregaron en la India para despedir a la *Santa de las Cloacas*.

Seis años después de su muerte, en octubre de 2003, y coincidiendo con la celebración del 25º aniversario del pontificado de Juan Pablo II, la Madre Teresa de Calcuta fue beatificada en una multitudinaria misa a la que acudieron fieles de todas partes del mundo. A finales de 2015, el Vaticano aprobó su canonización; el 4 de septiembre de 2016, ante más de cien mil fieles congregados en la plaza de San

Pedro, el Papa Francisco ofició la ceremonia que elevaba a los altares a Santa Teresa de Calcuta, cuya festividad (5 de septiembre), incorporada al santoral católico, se celebró por primera vez al día siguiente.

La madre Teresa de Calcuta.

"La paz
comienza
con una
sonrisa"

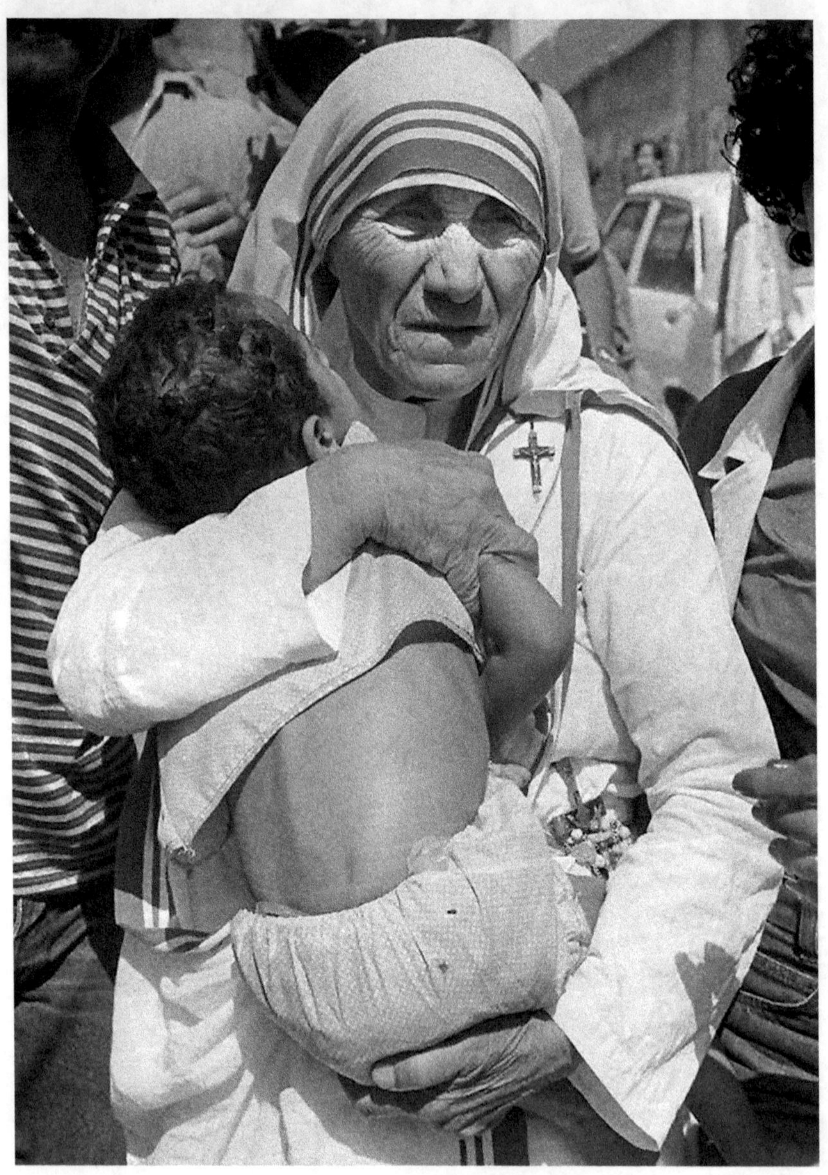

Martin Luther King

(Martin Luther King Jr.; Atlanta, 1929–Memphis, 1968) Pastor baptista estadounidense, defensor de los derechos civiles. La larga lucha de los norteamericanos de raza negra por alcanzar la plenitud de derechos, conoció desde 1955 una aceleración en cuyo liderazgo iba a destacarse muy pronto el joven pastor Luther King.

Su acción no violenta, inspirada en el ejemplo de Gandhi, movilizó a una porción creciente de la comunidad afroamericana hasta culminar en el verano de 1963 en la histórica marcha sobre Washington, que congregó a 250,000 manifestantes. Allí, al pie del Lincoln Memorial, pronunció el más célebre y conmovedor de sus espléndidos discursos, conocido por la fórmula que encabezaba la visión de un mundo justo: *I have a dream* (Tengo un sueño).

Pese a las detenciones y agresiones policiales o racistas, el movimiento por la igualdad civil fue arrancando sentencias judiciales y decisiones legislativas contra la segregación racial, y obtuvo el aval del premio Nobel de la Paz concedido a King en 1964. Lamentablemente, un destino funesto parece arrastrar a los apóstoles de la no violencia: al igual que su maestro Gandhi, Martin Luther King cayó asesinado cuatro años después.

Hijo de un ministro de la iglesia baptista, Martin Luther King estudió teología en la Universidad de Boston. Desde joven tomó conciencia de la situación de segregación social y racial en que vivían los negros de su país, y en especial los de los estados sureños. Convertido en pastor baptista, en 1954 se hizo cargo de una iglesia en la ciudad de Montgomery, Alabama.

FOTO Con su esposa, Coretta Scott, y su primera hija (1956).

Muy pronto dio muestras de su carisma y de su firme decisión de luchar por la defensa de los derechos civiles con métodos pacíficos, inspirándose en la figura de Mahatma Gandhi y en la teoría de la desobediencia civil de Henry David Thoreau, las mismas fuentes que por aquellos mismos años inspiraban la lucha de Nelson Mandela contra el *apartheid* en Sudáfrica. En agosto de 1955 una humilde modista negra, Rosa Parks, fue detenida y multada por sentarse en la sección de un autobús reservada para blancos. King dirigió un masivo boicot de más de un año contra la segregación en los autobuses municipales.

La fama de Martin Luther King se extendió rápidamente por todo el país y enseguida asumió la dirección del movimiento pacifista estadounidense, primero a través de la Southern Cristian Leadership Conference y más tarde del

Congress of Racial Equality. Asimismo, como miembro de la Asociación para el Progreso de la Gente de Color, abrió otro frente para lograr mejoras en sus condiciones de vida.

En 1960 aprovechó una sentada espontánea de estudiantes negros en Birmingham, Alabama, para iniciar una campaña de alcance nacional. En esta ocasión, Martin Luther King fue encarcelado y posteriormente liberado por la intermediación de John Fitgerald Kennedy, entonces candidato a la presidencia de Estados Unidos, pero logró para los negros la igualdad de acceso a las bibliotecas, comedores y estacionamientos.

En el verano de 1963, su lucha alcanzó uno de sus momentos culminantes al encabezar una gigantesca marcha sobre Washington en la que participaron unas 250,000 personas, ante las cuales pronunció el discurso titulado *I have a dream* (Tengo un sueño), una bellísima alocución en favor de la paz y la igualdad entre los seres humanos. King y otros representantes de organizaciones antirracistas fueron recibidos por el presidente John F. Kennedy, quien se comprometió a agilizar su política contra el segregacionismo en las escuelas y en la cuestión del desempleo, que afectaba de modo especial a la comunidad negra.

No obstante, ni las buenas intenciones del presidente, quien moriría asesinado meses más tarde, ni el vigor ético del mensaje de Martin Luther King, premio Nobel de la Paz en 1964, parecían suficientes para contener el avance de los grupos nacionalistas de color contrarios a la integración y favorables a la violencia, como Poder Negro, Panteras Negras y Musulmanes Negros. La permeabilidad de los colectivos de color (sobre todo de los que vivían en los guetos de Nueva York y otros estados del norte) a la influencia de

FOTO Martin Luther King se dirige a la multitud en la marcha sobre Washington (1963).

estos grupos violentos ponía en peligro el núcleo del mensaje de King, el pacifismo.

En marzo de 1965 encabezó una manifestación de miles de defensores de los derechos civiles que recorrieron casi un centenar de kilómetros, desde Selma, donde se habían producido actos de violencia racial, hasta Montgomery. La lucha de Martin Luther King tuvo un final trágico: el 4 de abril de 1968 fue asesinado en Memphis por James Earl Ray, un delincuente común de raza blanca. Mientras se celebraban sus funerales en la iglesia Edenhaëser de Atlanta, una ola de violencia se extendió por todo el país. Ray, detenido por la policía, se reconoció autor del asesinato y fue condenado con pruebas circunstanciales. Años más tarde se retractó de su declaración y, con el apoyo de la familia King, pidió la reapertura del caso y la vista de un nuevo juicio.

Obra e ideario

Martin Luther King entendió como una condición esencial de la dignidad humana la igualdad racial, la cual se hallaba por otra parte legitimada en el plano político por los principios de la democracia (de la cual siempre se declaró partidario), y en el plano moral, por los principios religiosos. En consecuencia, la acción destinada a la conquista de los propios derechos no debía ser considerada jamás como subversiva ni revolucionaria.

King no proclamaba la violación de la ley, sino que sostenía que no pueden obedecerse leyes injustas, porque estas se oponen a la ley moral. Señalaba el camino del amor en contraposición a la inactividad de los negros pasivos y al odio exasperado de los nacionalistas. Y se dolía de no haber sido ayudado y comprendido por la iglesia blanca.

En este sentido, King adoptó y desarrolló el concepto de Gandhi de la no violencia, que supo aplicar de forma creativa en una serie de campañas antisegregacionistas que le convirtieron en el líder más prestigioso del movimiento americano para los derechos civiles; méritos que valieron para obtener la concesión en 1964 del premio Nobel de la Paz, estimulando, por el odio racial, su posterior asesinato a manos de un racista fanático en 1968. Tras su fallecimiento, el movimiento negro estadounidense emprendió un camino más abiertamente revolucionario y violento, alejado de la inspiración cristiana y liberal de King, cuya memoria, a pesar de todo, sigue siendo venerada y amada por las masas de desheredados de su raza.

El mismo año del Nobel, el presidente Lyndon Johnson, sucesor de Kennedy tras el magnicidio, promulgó la ley de derechos civiles, que consagraba la igualdad de todos los ciudadanos. Según King, los negros tenían que abandonar su abstracta neutralidad política para estrechar alianzas electorales y apoyar a los candidatos dignos de confianza, porque "la influencia de los negros en el poder político es importante". Solamente entonces se alcanzaría la verdadera meta de la libertad, porque el destino de los negros está unido al de toda América.

Sus principios quedaron expresados, además de en la célebre *Carta desde la prisión de Birmingham* (1963, publicada por la revista francesa *Esprit* en 1964), en numerosas obras entre las que destacan *La fuerza de amar* (*Strength to Love,*1965) y *El clarín de la conciencia* (*The Trumpet of Conscience,*1968), en las que a menudo su prosa, inspirada en la tradición bíblica del protestantismo anglosajón, alcanza momentos de altísima emoción y humanidad.

Mención aparte merece *Por qué no podemos esperar* (*Why We Can't Wait,* 1964), en la medida en que la exposición de su credo político se alterna en esta obra con una apasionada evocación de los hechos del verano de 1963 (vividos por el propio autor como protagonista) de gran valor como testimonio histórico. El libro es la historia de la liberación de un pueblo, obtenida mediante el empleo de "un arma potente y justa... que corta sin herir y ennoblece al hombre que la empuña": la no violencia.

I have a dream / Yo tengo un sueño

Pese al valor de su obra escrita, ninguno de sus textos despertó la universal admiración del más famoso de sus discursos: el que pronunció el 28 de agosto de 1963 ante los 250,000 integrantes de la marcha sobre Washington, al pie del Monumento a Abraham Lincoln, el presidente que, un siglo antes, había abolido la esclavitud: "Hace cien años, un gran americano, bajo cuya sombra simbólica nos encontramos hoy, firmó la Proclamación de la Emancipación. Este trascendental decreto apareció como un gran fanal de esperanza para millones de esclavos que habían sido marcados con el fuego de una flagrante injusticia. Llegó como el amanecer jubiloso de la larga noche de su cautividad. Pero cien años después, la América de color sigue sin ser libre." (*I have a dream* [fragmento]. Subtitulado en español. Washington, 28 de agosto de 1963).

Considerado una obra maestra de la oratoria, el nombre con que este discurso es conocido procede de su parte central, en la que reiterando la fórmula *I have a dream* (Tengo un sueño), Martin Luther King eleva a la condición de ideal la simple materialización de la igualdad: "Sueño que mis cuatro hijos pequeños vivirán algún día en una nación donde no se les juzgará por el color de su piel sino por las cualidades de su carácter". Valioso tanto como condensada expresión de sus principios como por su impresionante altura emotiva, su vigencia sigue conmoviendo más de medio siglo después.

I AM

Main
Dr. M.L. King Jr. AVE

THE GREAT
MARCH TO
FREEDOM

I.U.E.
FOR
FULL
EMPLOYMENT
WE MARCH FOR JOBS FOR ALL NOW!
WE DEMAND AN FEPC LAW NOW!
ASBURY
FIRST BAPTIST CHURCH

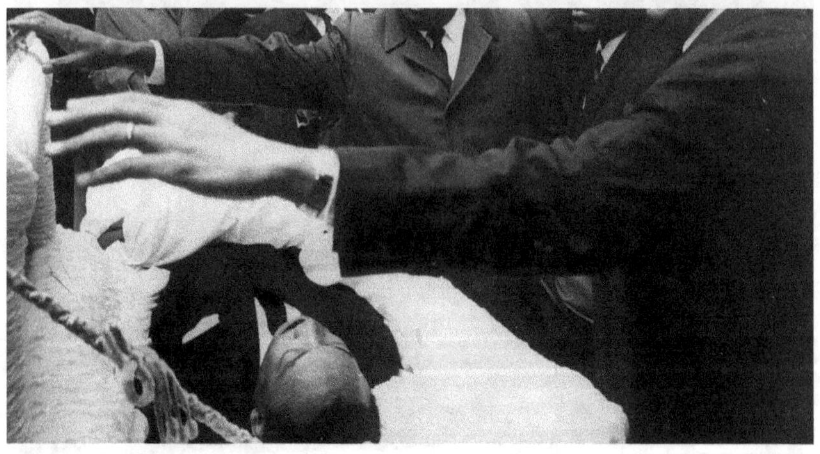

Nelson Mandela

(Nelson Rolihlahla Mandela; Mvezo, Transkei, 1918 - Johannesburgo, 2013). Activista y político sudafricano que lideró los movimientos contra el *apartheid* y que, tras una larga lucha y 27 años de cárcel, presidió en 1994 el primer gobierno que ponía fin al régimen racista. El siglo XX dejó dos guerras mundiales, los campos de exterminio y el terror atómico, pero también grandes campeones de la lucha contra la injusticia, como Mahatma Gandhi o Martin Luther King. El último y más carismático de ellos fue Nelson Mandela.

Como la de cualquier niño africano en las zonas rurales, la infancia de Mandela transcurrió entre juegos y en estrecho contacto con las tradiciones de su pueblo. Hijo del jefe de una tribu, se le puso de nombre *Rolihlahla,* que significa revoltoso, pero a los siete años, con el fin de que pudiera asistir a la escuela metodista, fue bautizado con el nombre de Nelson en la iglesia de Transkei. Ya famoso, sus compatriotas lo llamarían *Madiba,* por el nombre de su clan.

Dos años después, a causa del fallecimiento de su padre, el pequeño Nelson quedó al cuidado de un primo suyo, el gran jefe Jongintaba; con él que se aficionó a escuchar a los jefes tribales y tomó conciencia del sentido de la justicia. Cumplidos los dieciséis años, pasó a formar parte del consejo tribal; tres años después, en 1937, ingresó en el internado para negros de Ford Hare para cursar estudios superiores.

Pero cuando en 1941 supo que el jefe Jongintaba había concertado para él un matrimonio, resolvió abandonar su aldea y partió a Johannesburgo. Pobremente establecido en el superpoblado suburbio de Alexandra, a poco de llegar conoció a Walter Sisulu, con quien trabó una amistad que sería determinante en todos los ámbitos: influyó en sus ideas políticas, le ayudó a conseguir trabajo y a finalizar sus estudios de derecho y le presentó a su prima Evelyn Mase, con la que contraería matrimonio en 1944.

Un líder nato

Tanto Walter Sisulu como la infinidad de personas que tuvieron contacto con Mandela a lo largo de su vida coinciden en destacar su extraordinaria personalidad. El poder de seducción, la confianza en sí mismo, la capacidad de trabajo, la valentía e integridad figuran entre las virtudes por las que brillaba en cualquier espacio. Sisulu captó de inmediato sus innatas dotes de líder y lo introdujo en el Congreso Nacional Africano (ANC), un movimiento de lucha contra la opresión que desde hacía décadas venían padeciendo los negros sudafricanos. Pronto sus cualidades lo situarían en puestos prominentes dentro de la organización. En 1944, fue uno de los líderes fundadores de la Liga de la Juventud del Congreso, entidad que llegaría a constituir el grupo dominante del Congreso Nacional Africano. Su ideología era un socialismo africano: nacionalista, antirracista y antiimperialista.

En 1948 llegó al poder en Sudáfrica el Partido Nacional, que institucionalizó la segregación racial, creando el régimen del *apartheid.* En realidad, el racismo institucional se remontaba en Sudáfrica al menos a 1911, fecha de una disposición discriminatoria que prohibía a los negros ocupar puestos de trabajo cualificados. Numerosas medidas promulgadas en las décadas siguientes (treinta y seis en total) habían llevado ya, por poner un solo ejemplo, a la exclusión de negros y mestizos del censo electoral.

El triunfo del Partido Nacional de los Afrikaaners (blancos descendientes de los *boers* holandeses que colonizaron el país) vino a corroborar y a ampliar sin eufemismos lo ya existente: el gobierno de Aniel Malan (1948-1954) puso en pie un sistema completo de segregación y discriminación social, económica, cultural, política y territorial en perjuicio de la mayoría negra; era el llamado *apartheid* o "desarrollo separado de cada raza en la zona geográfica que le es asignada", según la definición oficial. Los gobiernos siguientes, presididos por Strijdom y Verwoerd, continuaron idéntica política.

Un decreto de 1949 prohibió los matrimonios mixtos; otras leyes y reglamentos posteriores acabaron de configurar el sistema segregacionista: reconocimiento oficial de las razas, segregación a la hora de utilizar servicios (incluso el espacio de las playas) y separación en las fábricas y en los transportes públicos.

Bajo la inspiración de Gandhi, el Congreso Nacional Africano propugnaba métodos de lucha no violentos: la Liga de la Juventud del Congreso (presidida por Mandela en 1951-1952) organizó campañas de desobediencia civil contra las leyes segregacionistas. En 1952 Mandela pasó a presidir la federación del Congreso Nacional Africano de la provincia sudafricana de Transvaal, al tiempo que dirigía a los voluntarios que desafiaban al régimen; se había convertido en el líder, de hecho, del movimiento.

FOTO Mandela y Winnie en el día de su boda (1958).

La represión produjo 8,000 detenciones, incluyendo la de Mandela, que fue confinado en Johannesburgo. Allí estableció el primer bufete de abogados negros de Sudáfrica. Paulatinamente había ido abandonando su postura africanista y adoptó la ideología del humanismo internacionalista que sostendría durante toda su vida. En 1955, cumplidas sus condenas, reapareció en público, promoviendo la aprobación de una *Carta de la Libertad,* en la que se plasmaba la aspiración de un Estado multirracial, igualitario y democrático, una reforma agraria y una política de justicia social en el reparto de la riqueza. Por aquellos años otra mujer irrumpió con fuerza en su vida: la asistente social Nomzano

Winnie Madikizela, más conocida como Winnie Mandela, con la que se casó en 1958.

La exacerbación del apartheid

El endurecimiento del régimen racista llegó a su culminación en 1956, con el plan del gobierno de crear siete reservas o *bantustanes,* territorios marginales supuestamente independientes en los que se pretendía confinar a la mayoría negra, que representaba más del setenta por ciento de la población. Tal medida conllevaba condenar a los negros no sólo a la marginación, sino también a la miseria: aquellas tierras no podían ofrecer un medio de vida porque estarían demasiado pobladas como para que su agricultura los pudiese alimentar, o para que sus industrias diesen trabajo a todos. Por lo demás, el poder blanco nunca estaría interesado en crear ninguna industria importante en tales reservas por el peligro de que fuesen competitivas respecto a las de las áreas blancas de la República.

El Congreso Nacional Africano respondió con manifestaciones y boicots que condujeron a la detención de la mayor parte de sus dirigentes; Mandela fue acusado de alta traición, juzgado y liberado por falta de pruebas en 1961. Durante el largo juicio tuvo lugar la matanza de Sharpeville, en la que la policía abrió fuego contra una multitud desarmada que protestaba contra las leyes racistas, matando a 69 manifestantes (1960). La matanza aconsejó al gobierno declarar el estado de emergencia, en virtud del cual arrestó a los líderes de la oposición negra: Mandela permaneció detenido varios meses sin juicio.

Aquellos hechos terminaron de convencer a los líderes del Congreso Nacional Africano de la imposibilidad de seguir luchando por métodos no violentos, que no debilitaban al régimen y que provocaban una represión igualmente sangrienta. En 1961 Mandela fue elegido Secretario Honorario del Congreso de Acción Nacional de Toda África, un nuevo movimiento clandestino que adoptó el sabotaje como medio de lucha contra el régimen de la recién proclamada República Sudafricana; se encargó asimismo de dirigir el brazo armado del Congreso Nacional Africano (la Lanza de la Nación). Su estrategia se centró en atacar instalaciones de importancia económica y de valor simbólico, excluyendo la acción de atentar contra vidas humanas.

FOTO Mandela en la cárcel, poco antes de su liberación.

En 1962 viajó por diversos países africanos recaudando fondos, recibiendo instrucción militar y haciendo propaganda en favor de la causa sudafricana. A su regreso fue detenido y condenado a cinco años de cárcel. Mientras estaba en prisión, fue uno de los ocho dirigentes de la Lanza de la Nación declarados culpables de sabotaje, traición y conspiración violenta para derrocar al gobierno, en el juicio de Rivonia (1963-1964), a cuyo término dirigió a los jueces un célebre alegato final, lleno de firmeza y dramatismo, que no impidió que fuese condenado a cadena perpetua. Pese a hallarse en cautiverio, ese mismo año fue nombrado presidente del Congreso Nacional Africano.

De la cárcel a la presidencia

Prisionero durante 27 años (1963-1990) en penosas condiciones, el gobierno de Sudáfrica rechazó todas las peticiones de que fuera puesto en libertad. Mandela se convirtió en un símbolo de la lucha contra el *apartheid* dentro y fuera del país, en una figura legendaria que representaba el sufrimiento y la falta de libertad de todos los negros sudafricanos.

En 1984 el gobierno intentó acabar con tan incómodo mito, ofreciéndole la libertad si aceptaba establecerse en uno de los *bantustanes* a los que el régimen había concedido una ficción de independencia; Mandela rechazó el ofrecimiento. Durante aquellos años su esposa Winnie simbolizó la continuidad de la lucha, alcanzando importantes posiciones en el Congreso Nacional Africano. El ferviente activismo de Winnie no estuvo exento de escándalos; años después, ya en los 90, se vería envuelta en un polémico juicio en el que fue acusada de asesinato, si bien salió absuelta.

Finalmente, Frederik de Klark, presidente de la república por el Partido Nacional, hubo de ceder ante la evidencia y abrir el camino para desmontar la segregación racial. En febrero de 1990 legalizó al Congreso Nacional Africano y liberó a Mandela, que se convirtió en su principal interlocutor para negociar el desmantelamiento del *apartheid* y realizar la transición a una democracia multirracial; pese a la complejidad del proceso, ambos supieron culminar exitosamente las negociaciones. Mandela y De Klerk compartieron el Premio Nobel de la Paz en 1993.

FOTO Mandela y Frederik De Klerk en la entrega del Nobel.

Las elecciones de 1994 convirtieron a Mandela en el primer presidente negro de Sudáfrica (1994-1999); desde ese cargo puso en marcha una política de reconciliación nacional, manteniendo a De Klerk como vicepresidente y tratando de atraer hacia la participación democrática al díscolo partido Inkhata, de mayoría zulú. Una película del cineasta estadounidense Clint Eastwood, *Invictus* (2009), reflejaría con bastante fidelidad al Mandela de aquellos años; su apoyo a una selección nacional formada por blancos durante la Copa Mundial de Rugby de 1995, celebrada en Sudáfrica, muestra su empeño en integrar a la minoría blanca y a la mayoría negra sirviéndose de aquel acontecimiento deportivo y su firme voluntad de construir una nación para todos los sudafricanos, sin distinción de raza.

Mandela inició el Plan de Reconstrucción y Desarrollo, que destinó grandes cantidades de dinero a mejorar el nivel de vida de los sudafricanos negros en cuestiones como la educación, la vivienda, la sanidad y el empleo, e impulsó la redacción de una nueva Constitución para el país, que fue finalmente aprobada por el parlamento en 1996. Un año después cedió la dirección del Congreso Nacional Africano a Thabo Mbeki, destinado a convertirse en su sucesor en la presidencia. En 1998, dos años después de haberse divorciado de Winnie, contrajo matrimonio con Graça Machel, viuda del antiguo presidente de Mozambique, Samora Machel.

Junto con el arzobispo Desmond Tutu, que presidía la Comisión de la Verdad y la Reconciliación, presentó en junio de 1998 el informe con las conclusiones de la Comisión. La talla del dirigente africano quedó patente una vez más cuando, frente al parecer del Congreso Nacional Africano, avaló las conclusiones del Informe, que señalaban no solamente los abusos y crímenes del régimen segregacionista, sino también los cometidos por los diversos grupos de los movimientos de liberación, incluido el Congreso Nacional Africano. Tres meses antes de finalizar su mandato, anunció que no pensaba presentarse a la repostulación. Le sucedió en la presidencia Thabo Mbeki, vencedor en las elecciones de junio de 1999.

Apartado de la vida política desde ese año, recibió múltiples reconocimientos, si bien sus problemas de salud hicieron cada vez más esporádicas sus apariciones públicas. Pese a su retirada, el fervor que Mandela despertaba en sus compatriotas siguió vivo: en 2010 estuvo presente en las ceremonias del Mundial de Fútbol de Sudáfrica, y recibió el caluroso apoyo de la multitud; en julio de 2013, estando el líder gravemente enfermo, la población sudafricana se lanzó a las calles para celebrar su 95 cumpleaños. Elevado a la categoría de uno de los personajes más carismáticos e influyentes del siglo XX, su figura ha entrado en la historia como encarnación de la lucha por la libertad y la justicia y como símbolo de toda una nación.

Massachusetts, EE.UU.
11 de noviembre de 2019

NOTAS:

1 Las religiones como dogmas endurecen el corazón, ejemplo niños en jaulas.
2 Verdaderos preceptos filosóficos de las religiones.
3 Conozco a personas no creyentes con gran corazón.
4 No pretendo explicar la naturaleza humana, solo tratar de ampliar un poco el debate.
5 Las sociedades, al igual que nuestros corazones, son tierra fértil, que cosechan lo que sembremos: Amor, odio, etc.
6 Significado de sociedad.
7 El Mensaje es simple: Amor.
8 Definiciones de Amor.
9 Porcentaje de personas usando medicamentos para la ansiedad o la depresión.

NOTAS

BOOKS:

1 Relativity of good and bad.
2 List of values and quotes about them in books and bible.
3 Quotes from philosophers.
4 Happiness and fulfillment in regions of the world by religion or not.
5 List of love on the fridge.

Esta primera edición de *Los seres humanos*, de Alexis Betancourt, se terminó de imprimir en los talleres gráficos de Editora ????, Santo Domingo, República Dominicana, en el mes de julio de 2020.

www.ingramcontent.com/pod-product-compliance
Lightning Source LLC
LaVergne TN
LVHW012114160826
845678LV00014B/3098

* 9 7 8 9 9 4 5 0 9 3 9 3 3 *